www.QuoraChinese.com

ESSENTIAL GUIDE TO CHINESE HISTORY

PART 9

SECOND EDITION (LARGE PRINT)

JIN DYNASTY

晋朝

学习简单的中国历史文化

QING QING JIANG

PREFACE

Welcome to the Chinese History series, a series dedicated to helping Mandarin Chinese learners improve Chinese reading skills. In this series, we will discover China's 5,000-year-old history. Each of the book will focus on one important ruling Chinese dynasty. The books contain numerous lessons in Mandarin Chinese. We start with a ruling dynasty specific preface (前言), a brief introduction to the dynasty or related themes, and continue to dig the important aspects of the ruling era, such as politics, economy, etc. in the form or chapters. Each book contains 5 to 10 chapters. For the readers' convenience, a comprehensive list of vocabulary has been provided at the beginning of each chapter. The pinyin for the Chinese text is provided after the main text. Further, to enforce deeper learning, the English interpretation of the Chinese text has been purposely excluded for the books. This would help the readers think deeply about the contents the way native Chinese think. In order to help the Chinese learner remember important characters, words, long words, idioms, etc., these entities have been purposely repeated throughout the book, and across the books in the series. Taken together, the books in Chinese History series will tremendously help readers improve their Chinese reading skills.

If you have any questions, suggestions, and feedbacks, feel free to let me know in the review or comments.

You can find more about China and Chinese culture on my amazon homepage.

I blog at:

www.QuoraChinese.com

-Qing Qing 江清清

©2023 Qing Qing Jiang

All rights reserved.

ESSENTIAL GUIDE TO CHINESE HISTORY

ACKNOWLEDGMENTS

I am a blogger. It has been a long and interesting journey since I started blogging quite a few years ago.

The blogging passion enabled me to write useful contents. In particular, I have been writing about China, and its culture.

My passion in writing was supported by my friends, colleagues, and most importantly, the almighty.

I thank everyone for constantly inspiring me in my life endeavours.

CONTENTS

PREFACE 2
ACKNOWLEDGMENTS 4
CONTENTS 5
INTRODUCTION TO THE HISTORY OF JIN DYNASTY (晋朝历史简介) 8
THE GRAND UNIFICATION (统一天下) 11
JIA HOU'S REBELLION (贾后乱政) 17
FIFTH CENTURY INVASION BY NORTHERN NOMADS (五胡乱华) 30
NORTHERN EXPEDITION (北征五胡) 35
THE BATTLE OF FEISHUI (淝水之战) 39

前言

　　历史上经常把晋朝分为两段，分别是西晋和东晋。西晋和东晋相比较而言，西晋更具有知名度一些，因为西晋也是历史上的一个大一统王朝。据统计，中国历史上一共有九个大一统王朝，而西晋则是其中之一，由此可见其重要性，因此西晋在历史上有着重要的地位和作用。西晋结束了三国时期的混乱，以一己之力统一了天下，给老百姓带来了一段和平的日子。西晋是由晋武帝司马炎于公元265年创立，但是仅仅存在了五十一年。西晋后期由于内部的矛盾，尤其是八国之乱的爆发，统治基础越来越不牢固，所以被敌人趁机攻破。公元316年，匈奴将领刘曜攻破长安。西晋由此灭亡，此后又创立了东晋王朝。东晋比西晋要长的多，存在了一百零三年。

Qiányán

Lìshǐ shàng jīngcháng bǎ jìn cháo fēn wéi liǎng duàn, fēnbié shì xījìn hé dōngjìn. Xījìn hé dōngjìn xiāng bǐjiào ér yán, xījìn gèng jùyǒu zhīmíngdù yīxiē, yīnwèi xījìn yěshì lìshǐ shàng de yīgè dà yītǒng wángcháo. Jù tǒngjì, zhōngguó lìshǐ shàng yīgòng yǒu jiǔ gè dà yītǒng wángcháo, ér xījìn zé shì qízhōng zhī yī, yóu cǐ kějiàn qí zhòngyào xìng, yīncǐ xījìn zài lìshǐ shàng yǒu zhuó zhòngyào dì dìwèi hé zuòyòng. Xījìn jiéshùle sānguó shíqí de hǔnluàn, yǐ yījǐ zhī lì tǒngyīliǎo tiānxià, gěi lǎobǎixìng dài láile yīduàn hépíng de rìzi. Xījìn shì yóu jìn wǔdì sīmǎ yán yú gōngyuán 265 nián chuànglì, dànshì jǐnjǐn cúnzàile wǔshíyī nián. Xījìn hòuqí yóuyú nèibù de máodùn, yóuqí shì bāguó zhī luàn de bàofā, tǒngzhì jīchǔ yuè lái yuè bù láogù, suǒyǐ bèi dírén chènjī gōngpò. Gōngyuán 316 nián, xiōngnú jiànglǐng liú yào gōngpò cháng'ān. Xījìn yóu cǐ mièwáng, cǐhòu yòu chuànglìle dōngjìn wángcháo. Dōngjìn bǐ xījìn yào zhǎng de duō, cúnzàile yībǎi líng sān nián.

INTRODUCTION TO THE HISTORY OF JIN DYNASTY (晋朝历史简介)

The Jin Dynasty (晋朝 265 AD-420 AD) was a ruling dynasty in Chinese history. It was roughly preceded by the Three Kingdoms (三国, 220-280) and succeeded by the Northern and Southern Dynasties (南北朝, 420-589).

The Jin Dynasty is divided into two periods: the Western Jin Dynasty (西晋, 265-317), and the Eastern Jin Dynasty (东晋, 317-420). Among them, the Western Jin Dynasty was unified dynasty in Chinese history, while the Eastern Jin Dynasty was one of the Six Dynasties (六朝, 222-589). The Six Dynasties were **Sun Wu** (孙吴/东吴/三国吴), **Eastern Jin** (东晋), **Southern Song** (南朝宋/刘宋), **Southern Qi** (南朝齐/萧齐), **Southern Liang** (南朝梁/萧梁), and **Southern Chen** (南朝陈).

Together, the two Jin Dynasties had 15 emperors, ruling for a total of 155 years.

In 265, Sima Yan (司马炎, 236-290) usurped the Wei Dynasty (魏) and established the Jin Dynasty (later known as the Western Jin Dynasty) with its capital at Luoyang. Sima Yan, also known as as Emperor Wu of Jin (晋武帝), ruled from 265 to 290.

In 280, the Western Jin Dynasty defeated the Wu kingdom (吴) and completed the unification.

The Eight Kings Rebellion (八王之乱, 291-306), a turmoil that lasted for 16 years, and caused over 500,000 causalities, was a massive blow to the authority of the king. The situation further deteriorated after the Yongjia Rebellion (永嘉之乱, 311) when the Xiongnu (Huns) army caused severe damage to the kingdom, and the country's power gradually declined. In 313, Emperor Min of Jin (晋愍帝) moved the capital to Chang'an. However, the situation became bad to worse due to the damage caused by the Huns. Finally, it led to the demise of the Western Jin Dynasty in 317.

In 317, the royal family of the Western Jin Dynasty moved to the south of the Yangtze River, and Sima Rui (司马睿) continued the Jin Dynasty in Jianye (建邺) located in modern Nanjing, Jiangsu Province (今江苏省南京市). This was the beginning of the Eastern Jin Dynasty. The dynasty ended in 420, when Liu Yu (刘裕) established Liu Song (刘宋). With this, the period of the Northern and Southern Dynasties Chinese had begun.

Although the Jin Dynasty was part of the weakening of the political power in the Chinese history, the dynasty witnessed numerous socio-economic developments. For example, during the two Jin Dynasties (两晋), the Han people who migrated from the north to the south brought a lot of productive forces and advanced technologies to the south of the Yangtze River, and further developed the region of the south of the Yangtze River.

The Western Jin Dynasty inherited the territory of Cao Wei in the Central Plains, and then, with reunification, occupied the territory of Sun Wu. The Eastern Jin Dynasty increased and decreased with the change of its territory—however, its northern boundary was mainly along the Qinling Mountains and Huaihe River (淮河). The political system of the two Jins was aristocratic politics. Compared with the Three Kingdoms period, agriculture, commerce, handicrafts, etc. during the Jin Dynasty also developed further.

Although the Jin Dynasty witnessed a period of decline in Chinese culture since the end of the Han Dynasty, there were also new developments in philosophy, literature, art, history, science and technology. The culture of the two Jin Dynasties increased innovation. As the exclusive status of Confucianism was broken, philosophy, literature, art, history and technology were innovated one after another, and some of them even became independent studies. Thoughts, including Taoism, and Buddhism, became popular. The grassland culture of the frontier peoples and the Chinese culture of the Jin Dynasty gradually carried out cultural exchanges. Hence, ethnic integration became part of the culture.

THE GRAND UNIFICATION (统一天下)

1	大家	Dàjiā	Great master; authority
2	知道	Zhīdào	Know; realize; be aware of
3	三国时期	Sānguó shíqí	Three Kingdoms Period; Three Kingdoms
4	三足鼎立	Sānzú dǐnglì	A situation of tripartite confrontation; like the three legs of a tripod
5	状态	Zhuàngtài	Status; state; condition; state of affairs
6	三国	Sānguó	The Three Kingdoms (Wei, Shu Han and Wu)
7	临终	Línzhōng	Approaching one's end; immediately before one's death; on one's deathbed
8	太子	Tàizǐ	Crown prince
9	皇帝	Huángdì	Emperor
10	宗室	Zōngshì	Member of the royal clan; imperial clan; imperial clansman
11	辅佐	Fǔzuǒ	Assist a ruler in governing a country
12	没想到	Méi xiǎngdào	Have not expected or thought of
13	面临	Miànlín	Be faced with; be confronted with; be up against; frontage
14	变故	Biàngù	Unforeseen event; accident; mishap; misfortune
15	登基	Dēngjī	Ascend the throne; be enthroned
16	朝政	Cháozhèng	Affairs of state; the political

			situation and power of an imperial government
17	好转	Hǎozhuǎn	Take a turn for the better; improve; improvement
18	争斗	Zhēngdòu	Fight; struggle; strife
19	始作俑者	Shǐzuò yǒngzhě	The initiator of evil; creator of a bad precedent
20	剥夺	Bōduó	Deprive; expropriate; strip
21	兵权	Bīngquán	Military leadership; military power
22	称病	Chēngbìng	Plead illness
23	养精蓄锐	Yǎng jīng xù ruì	Recuperate and build up energy
24	等到	Děngdào	By the time; when
25	快刀斩乱麻	Kuàidāo zhǎn luànmá	Cut a tangled skein of jute with a sharp knife; make a lightning decision; a swift and ruthless action; cut the knot
26	出手	Chūshǒu	Get off one's hands; dispose of; sell
27	政权	Zhèngquán	Political power; regime
28	眼中钉	Yǎnzhōng dīng	A thorn in somebody's side -- deep hatred; the most hated person
29	除去	Chùqú	Detach; eliminate; remove; work off
30	可谓	Kěwèi	One may well say; it may be said; it may be called
31	一鸣惊人	Yīmíng jīngrén	Set the Thames on fire; amaze the world with a single brilliant feat; make a great coup; make one's mark at the first shot

32	就这样	Jiù zhèyàng	That's it; That's all; in this way
33	落到	Luò dào	Fall on
34	在位	Zài wèi	Be on the throne; reign
35	管理能力	Guǎnlǐ nénglì	Operating capability; supervisory capability; management ability
36	先辈	Xiānbèi	Elder generation; ancestors
37	江山	Jiāngshān	Rivers and mountains; land; landscape
38	一蹶不振	Yījué bùzhèn	Unable to get up after a fall; be finished for good; be lost without resources; collapse after one setback
39	不以为然	Bùyǐ wéirán	Not to regard it as right; object to; disapprovingly; not altogether approve of
40	打不过	Dǎ bùguò	Be no fighting match for
41	就这样	Jiù zhèyàng	That's it; That's all; in this way
42	红极一时	Hóng jí yīshí	Enjoy popularity for a time
43	一直到	Yīzhí dào	Through; up to
44	野心勃勃	Yěxīn bóbó	Be overly ambitious; a flight of ambition; be obsessed with ambition; burn with ambition
45	上位	Shàngwèi	Superior; epistasis
46	收入	Shōurù	Income; revenue; receipts
47	国号	Guó hào	Title of a reigning dynasty
48	西晋	Xījìn	The Western Jin Dynasty
49	由此	Yóu cǐ	From this; therefrom; thus
50	司马	Sīmǎ	A surname
51	着手	Zhuóshǒu	Put one's hand to; set about
52	攻打	Gōngdǎ	Attack; assault; assail

53	万全	Wànquán	Perfectly sound; surefire
54	水路	Shuǐlù	Waterway; water route
55	陆路	Lùlù	Land route
56	在考虑中	Zài kǎolǜ zhōng	In prospect; in view; on fire; under deliberation
57	被迫	Bèi pò	Be compelled; be forced; be constrained; be coerced
58	投降	Tóuxiáng	Surrender; capitulate
59	鼎立	Dǐnglì	Stand like the three legs of a tripod; tripartite confrontation; tripartite balance of forces
60	局面	Júmiàn	Aspect; phase; situation; prospects
61	完全	Wánquán	Complete; whole; perfect; completely
62	打破	Dǎpò	Break; smash
63	全国	Quánguó	Nationwide; countrywide; the whole nation

Chinese (中文)

大家都知道三国时期是三足鼎立的状态，这三国分别是魏蜀吴。

魏明帝在临终前将只有八岁的太子曹芳托付给曹爽和司马懿。曹爽是皇帝的宗室，而司马懿则是辅佐了几代的重臣。魏明帝本以为知道他们两个人手上可以无忧，没想到面临的是更大的变故。

曹芳顺利登基后，朝政的局面并没有所好转，一场关于权力的争斗正在慢慢的展开。始作俑者便是曹爽，曹爽还故意剥夺了司马懿的兵权，自此以后，司马懿则称病在家，但其实是在养精蓄锐。

等到合适的机会，司马懿快刀斩乱麻，一出手便掌握了魏国的政权，还把眼中钉曹爽除去了，报了之前的仇。可谓是不鸣则已，一鸣惊人。就这样，魏国实际上的权力就又落到了司马懿的手里。

接下来便是蜀国。当时在位的君主是刘禅，他是一个缺乏领导和管理能力的帝王，先辈们打下来的江山，落到他手里便一蹶不振了。刘禅还不以为然，还重用小人，导致朝政愈发腐败。

魏国趁此机会一举进攻蜀国，刘禅打不过，最后只能投降了，就这样，曾经红极一时的蜀国被灭了。

一直到司马炎，一个野心勃勃之人，直接上位，将皇帝之位收入囊中，皇帝之位才落到了司马氏的手里。司马炎改国号为晋，西晋由此建立。

但是要统一全国，还差一个吴国。晋武帝司马炎上位后，很早便着手攻打吴国，在做了万全的准备后，兵分好几路，水路和陆路都在考虑中，最后吴国被迫投降。

三国鼎立的局面完全被打破，西晋实现了全国大一统。

Pinyin (拼音)

Dàjiā dōu zhīdào sānguó shíqí shì sānzúdǐnglì de zhuàngtài, zhè sānguó fēn bié shì wèi shǔ wú.

Wèi míngdì zài línzhōng qián jiāng zhǐyǒu bā suì de tàizǐ cáofāng tuōfù gěi cáoshuǎng hé sīmǎyì. Cáoshuǎng shì huángdì de zōngshì, ér sīmǎyì zé shì fǔzuǒle jǐ dài de zhòngchén. Wèi míngdì běn yǐwéi zhīdào tāmen liǎng gèrén shǒu shàng kěyǐ wú yōu, méi xiǎngdào miànlín de shì gèng dà de biàngù.

Cáofāng shùnlì dēngjī hòu, cháozhèng de júmiàn bìng méiyǒu suǒ hào zhuǎn, yī chǎng guānyú quánlì de zhēngdòu zhèngzài màn man de zhǎnkāi. Shǐzuòyǒngzhě biàn shì cáoshuǎng, cáoshuǎng hái gùyì bōduóle sīmǎyì de bīngquán, zì cǐ yǐhòu, sīmǎyì zé chēngbìng zàijiā, dàn qíshí shì zài yǎng jīng xù ruì.

Děngdào héshì de jīhuì, sīmǎyì kuàidāo zhǎn luànmá, yī chūshǒu biàn zhǎngwòle wèi guó de zhèngquán, hái bǎ yǎnzhōngdīng cáoshuǎng chùqúle, bào liǎo zhīqián de chóu. Kěwèi shì bù míng zé yǐ, yīmíngjīngrén. Jiù zhèyàng, wèi guó shíjì shang de quánlì jiù yòu luò dàole sīmǎyì de shǒu lǐ.

Jiē xiàlái biàn shì shǔ guó. Dāngshí zài wèi de jūnzhǔ shì liúchán, tā shì yīgè quēfá lǐngdǎo hé guǎnlǐ nénglì de dìwáng, xiānbèimen dǎ xiàlái de jiāngshān, luò dào tā shǒu lǐ biàn yījuébùzhènle. Liúchán hái bùyǐwéirán, hái zhòngyòng xiǎo rén, dǎozhì cháozhèng yù fā fǔbài.

Wèi guó chèn cǐ jīhuì yījǔ jìngōng shǔ guó, liúchán dǎ bùguò, zuìhòu zhǐ néng tóuxiángle, jiù zhèyàng, céngjīng hóng jí yīshí de shǔ guó bèi mièle.

Yīzhí dào sīmǎ yán, yīgè yěxīn bóbó zhī rén, zhíjiē shàngwèi, jiāng huángdì zhī wèi shōurù náng zhōng, huángdì zhī wèi cái luò dàole sīmǎ shì de shǒu lǐ. Sīmǎ yán gǎi guó hào wèi jìn, xījìn yóu cǐ jiànlì.

Dànshì yào tǒngyī quánguó, hái chà yīgè wú guó. Jìn wǔdì sīmǎ yán shàngwèi hòu, hěn zǎo biàn zhuóshǒu gōngdǎ wú guó, zài zuòle wánquán de zhǔnbèi hòu, bīng fēn hǎojǐ lù, shuǐlù hé lùlù dōu zài kǎolǜ zhōng, zuìhòu wú guó bèi pò tóuxiáng.

Sānguó dǐnglì de júmiàn wánquán bèi dǎpò, xījìn shíxiànle quánguó dà yītǒng.

JIA HOU'S REBELLION (贾后乱政)

1	之后	Zhīhòu	Later; after; afterwards
2	八王之乱	Bā wáng zhī luàn	The Upheaval of the Eight Princes
3	密不可分	Mì bùkěfēn	Inseparable; integral
4	联系	Liánxì	Contact; touch; connection; relation
5	可以说	Kěyǐ shuō	It is not too much to say; it is too much to say; so to speak
6	就是	Jiùshì	Quite right; exactly; precisely
7	导火索	Dǎo huǒ suǒ	Blasting fuse;
8	他的	Tā de	His; him
9	儿子	Érzi	Son
10	司马	Sīmǎ	A surname
11	上位	Shàngwèi	Superior
12	也就是	Yě jiùshì	Namely; i.e.; that is
13	故事	Gùshì	Story; tale; plot; old practice; routine
14	主人公	Zhǔréngōng	Leading character in a novel, etc.; hero or heroine; protagonist
15	妻子	Qīzi	Wife; wife and children
16	但是	Dànshì	But; however; yet; still
17	野心勃勃	Yěxīn bóbó	Be overly ambitious; a flight of ambition; be obsessed with ambition; burn with ambition
18	虽然	Suīrán	Though; although
19	女人	Nǚrén	Woman; womenfolk; wife
20	爱慕	Àimù	Adore; admire; be attached to

21	虚荣	Xūróng	Vanity; vain glory
22	权力	Quánlì	Power; authority
23	多次	Duō cì	Many times; time and again; repeatedly; on many occasions
24	干预	Gānyù	Intervene; interpose; meddle
25	朝政	Cháozhèng	Affairs of state; the political situation
26	之前	Zhīqián	Before; prior to; ago
27	辅佐	Fǔzuǒ	Assist a ruler in governing a country
28	任务	Rènwù	Assignment; mission; task; duties
29	淮南	Huáinán	The area south of the Huaihe River and north of the Changjiang River
30	太后	Tàihòu	Mother of an emperor; empress dowager; queen mother
31	父亲	Fùqīn	Father
32	皇后	Huánghòu	Empress
33	亲生	Qīnshēng	One's own
34	继子	Jìzǐ	Stepson; stepchild; adopted son
35	但是	Dànshì	But; however; yet; still
36	老谋深算	Lǎomóu shēnsuàn	Make every move only after mature deliberation
37	算计	Suànjì	Calculate; reckon
38	最后	Zuìhòu	Last; final; ultimate
39	独自一人	Dúzì yīrén	All alone; On My Own; All by myself
40	获得	Huòdé	Acquire; gain; obtain; win
41	俗话说	Súhuà shuō	As the saying goes; it is a common saying that
42	螳螂捕蝉	Tángláng bǔ	The mantis stalking the cicada;

		chán	recklessness blinded by greed; irrational and greedy
43	得意	Déyì	Proud of oneself; pleased with oneself; complacent
44	不知道	Bù zhīdào	A stranger to; have no idea; I don't know; No
45	时候	Shíhòu	Time
46	已经	Yǐjīng	Already
47	独断专行	Dúduàn zhuānxíng	Make arbitrary decisions and take peremptory action
48	感到	Gǎndào	Feel; enter; sense
49	十分	Shífēn	Very; fully; utterly; extremely
50	不满	Bùmǎn	Resentful; discontented; dissatisfied
51	毕竟	Bìjìng	After all; all in all; when all is said and done; in the final analysis
52	这边	Zhè biān	This side; here
53	必然	Bìrán	Inevitable; certain; necessarily; necessity
54	好处	Hǎochù	Good; benefit; advantage; gain
55	于是	Yúshì	Thereupon; hence; consequently; as a result
56	重新	Chóngxīn	Again; anew; afresh
57	久而久之	Jiǔ'ér jiǔzhī	In the course of time; as time passes; with the lapse of time; gradually
58	觉得	Juédé	Feel; be aware; sense
59	成功	Chénggōng	Success; succeed; successful
60	路上	Lùshàng	On the road
61	绊脚石	Bànjiǎoshí	Stumbling block; an obstacle
62	过河拆桥	Guòhé	Burn the bridge after crossing it;

		chāiqiáo	cast somebody aside when he has served one's purpose
63	面前	Miànqián	In face of; in front of; before
64	坏话	Huàihuà	Malicious remarks; vicious talk
65	信以为真	Xìnyǐ wéizhēn	Take something for gospel truth; take...on trust
66	至高无上	Zhìgāo wúshàng	Supreme; crowning; loftiest; paramount
67	无用	Wúyòng	Useless; of no use
68	不是	Bùshì	Fault; blame
69	利用	Lìyòng	Use; utilize; make use of; take advantage of
70	扶植	Fúzhí	Foster; prop up
71	谋私	Móusī	Seek personal gain
72	愈发	Yù fā	All the more; even more; further
73	到最后	Dào zuìhòu	In the end; to the end; in the ultimate
74	惦记	Diànjì	Remember with concern; be concerned about
75	皇位	Huángwèi	Throne
76	太子	Tàizǐ	Crown prince
77	谋害	Móuhài	Plot to murder
78	致死	Zhìsǐ	Causing death; lethal; deadly
79	实在	Shízài	True; real; honest; dependable; well-done; done carefully
80	下去	Xiàqù	Go down; descend; down
81	拉拢	Lālǒng	Draw somebody over to one's side; cozy up to; rope in
82	一同	Yītóng	Together with; in the company of; together
83	讨伐	Tǎofá	Send armed forces to suppress;

			send a punitive expedition against
84	皇室	Huángshì	Imperial household; royal household
85	纷争	Fēnzhēng	Dispute; wrangle
86	后面	Hòumiàn	At the back; in the rear; behind; later

Chinese (中文)

贾后乱政和之后的八王之乱有着密不可分的联系，可以说，贾后乱政就是八王之乱的导火索。

晋武帝司马炎死后，他的儿子司马衷上位，也就是晋惠帝。而故事的主人公贾后，便是晋惠帝的妻子。

但是这贾后，是一个野心勃勃的人，虽然她是个女人，但她爱慕虚荣和权力，多次干预朝政。

晋武帝死之前把辅佐朝政的任务交给了淮南王亮和杨太后的父亲杨骏。这杨太后是晋武帝的第二任皇后，司马衷虽然不是她亲生的，但也算是继子了。

但是杨骏也是一个老谋深算的人，他把淮南王给算计了，最后独自一人获得了辅佐的权力。

俗话说，螳螂捕蝉黄雀在后，杨骏虽然很得意，但他不知道的是这个时候他已经被贾后盯上了。

贾后对独断专行的杨骏感到十分不满，毕竟这杨骏不是她这边的人。如果杨骏获得的权力过大，对她必然没有好处。

于是贾后派楚王玮杀了杨骏，重新拉淮南王亮辅佐朝政。但是久而久之，贾后觉得楚王玮和淮南王亮都是自己成功路上的绊脚石。

于是贾后过河拆桥，在晋惠帝面前说他们两的坏话，晋惠帝信以为真，便把他们两个都给杀了。

自此以后，贾后便获得了至高无上的权力，这晋惠帝本就是一无用之人，还不是任贾后利用。

贾后不断扶植本家族的力量，把控朝政有十年之久。这十年，贾后以公谋私，导致朝政愈发腐败。到最后，她竟然还惦记上这皇位，将太子谋害致死。

赵王实在是看不下去了，拉拢诸王一同讨伐贾后。这一乱，导致皇室内部的权力纷争也愈发激烈，因此有了后面的八王之乱。

Pinyin (拼音)

Jiǎ hòu luàn zhènghé zhīhòu de bā wáng zhī luàn yǒuzhe mì bùkěfēn de liánxì, kěyǐ shuō, jiǎ hòu luàn zhèng jiùshì bā wáng zhī luàn de dǎo huǒ suǒ.

Jìn wǔdì sīmǎ yán sǐ hòu, tā de érzi sīmǎ zhōng shàngwèi, yě jiùshì jìn huì dì. Ér gùshì de zhǔréngōng jiǎ hòu, biàn shì jìn huì dì de qīzi.

Dànshì zhè jiǎ hòu, shì yīgè yěxīn bóbó de rén, suīrán tā shìgè nǚrén, dàn tā àimù xūróng hé quánlì, duō cì gānyù cháozhèng.

Jìn wǔdì sǐ zhīqián bǎ fǔzuǒ cháozhèng de rènwù jiāo gěile huáinán wáng liàng hé yáng tàihòu de fùqīn yáng jùn. Zhè yáng tàihòu shì jìn wǔdì de dì èr rèn huánghòu, sīmǎ zhōng suīrán bùshì tā qīnshēng de, dàn yě suànshì jìzǐle.

Dànshì yáng jùn yěshì yīgè lǎomóushēnsuàn de rén, tā bǎ huáinán wáng gěi suànjìle, zuìhòu dúzì yīrén huòdéle fǔzuǒ de quánlì.

Súhuà shuō, tángláng bǔ chán huáng què zài hòu, yáng jùn suīrán hěn déyì, dàn tā bù zhīdào de shì zhège shíhòu tā yǐjīng bèi jiǎ hòu dīng shàngle.

Jiǎ hòu duì dúduànzhuānxíng de yáng jùn gǎndào shífēn bùmǎn, bìjìng zhè yáng jùn bùshì tā zhè biān de rén. Rúguǒ yáng jùn huòdé de quánlì guo dà, duì tā bìrán méiyǒu hǎochù.

Yúshì jiǎ hòu pài chū wángwěi shāle yáng jùn, chóngxīn lā huáinán wáng liàng fǔzuǒ cháozhèng. Dànshì jiǔ'érjiǔzhī, jiǎ hòu juédé chǔ wángwěi hé huáinán wáng liàng dōu shì zìjǐ chénggōng lùshàng de bànjiǎoshí.

Yúshì jiǎ hòu guòhéchāiqiáo, zài jìn huì dì miànqián shuō tāmen liǎng de huàihuà, jìn huì dì xìnyǐwéizhēn, biàn bǎ tāmen liǎng gè dōu gěi shāle.

Zì cǐ yǐhòu, jiǎ hòu biàn huòdéle zhìgāowúshàng de quánlì, zhè jìn huì dì běn jiùshì yī wúyòng zhī rén, hái bùshì rèn jiǎ hòu lìyòng.

Jiǎ hòu bùduàn fúzhí běn jiāzú de lìliàng, bǎ kòng cháozhèng yǒu shí nián zhī jiǔ. Zhè shí nián, jiǎ hòu yǐ gōng móusī, dǎozhì cháozhèng yù fā fǔbài. Dào zuìhòu, tā jìngrán hái diànjì shàng zhè huángwèi, jiāng tàizǐ móuhài zhìsǐ.

Zhào wáng shízài shì kàn bù xiàqùle, lālǒng zhū wáng yītóng tǎofá jiǎ hòu. Zhè yī luàn, dǎozhì huángshì nèibù de quán lì fēnzhēng yě yù fā jīliè, yīncǐ yǒule hòumiàn de bā wáng zhī luàn.

THE UPHEAVAL OF THE EIGHT KINGS (八王之乱)

1	事态	Shìtài	State of affairs; situation
2	好转	Hǎozhuǎn	Take a turn for the better; take a favorable turn; improve; improvement
3	反而	Fǎn'ér	On the contrary; instead; but
4	恶化	Èhuà	Worsen; deteriorate; take a turn for the worse; exacerbate
5	天下	Tiānxià	China or the world; land under heaven
6	熙熙	Xī xī	Peaceful and happy; bustling
7	天下攘攘	Tiānxià rǎngrǎng	The country is in a chaotic condition
8	除去	Chùqú	Detach; eliminate; remove; work off
9	政权	Zhèngquán	Political power; regime
10	贪得无厌	Tāndé wúyàn	Be insatiably avaricious; as greedy as a wolf
11	就算	Jiùsuàn	Even if; granted that
12	之下	Zhī xià	Under
13	之上	Zhī shàng	On; above; over
14	还是	Háishì	Still; nevertheless; all the same
15	不满足	Bù mǎnzú	Discontent; Not satisfied; dissatisfy
16	最终	Zuìzhōng	Final; ultimate
17	老路	Lǎolù	Old road
18	那就是	Nà jiùshì	That is; That is to say; Someone
19	篡位	Cuànwèi	Usurp the throne
20	权力	Quánlì	Power; authority
21	兵力	Bīnglì	Military strength; armed forces; troops; numerical strength

22	软弱无能	Ruǎnruò wúnéng	Be weak and incompetent; flabby and impotent; in a weak and helpless position; incompetent and in a weak position
23	关起来	Guān qǐlái	Shut; close; imprison
24	皇帝	Huángdì	Emperor
25	自己的	Zìjǐ de	Self
26	亲信	Qīnxìn	Trusted follower
27	侍从	Shìcóng	Attendants; retinue
28	仆人	Púrén	Servant
29	为所欲为	Wéisuǒ yùwéi	Do as one pleases; act on one's own will
30	诸侯	Zhūhóu	Dukes or princes under an emperor; the feudal princes
31	听说	Tīng shuō	Be told; hear of
32	个个	Gè gè	Each and every one; all
33	眼红	Yǎnhóng	Be envious; be jealous
34	不得了	Bùdéle	Terrible; horrible; desperately serious
35	欺负	Qīfù	Browbeat; take advantage of; pick on
36	没想到	Méi xiǎngdào	Have not expected or thought of
37	现如今	Xiàn rújīn	Nowadays; now; Are now
38	落得	Luòdé	Get; end in; result in
39	地步	Dìbù	Condition; plight; situation; state
40	想来	Xiǎnglái	It may be assumed that; presumably
41	争夺	Zhēngduó	Fight for; enter into rivalry with somebody over something; strive for
42	皇位	Huángwèi	Throne
43	既然	Jìrán	Since; as; now that

44	做到	Zuò dào	Accomplish; achieve
45	较量	Jiàoliàng	Measure one's strength with; have a contest; have a trial of strength; match
46	混战	Hùnzhàn	Tangled warfare; a melee; a wild war; confused fighting
47	八王之乱	Bā wáng zhī luàn	The Upheaval of the Eight Princes
48	持续	Chíxù	Last; continue; sustain; continued
49	十六	Shíliù	Sixteen
50	损耗	Sǔnhào	Loss; wear and tear; deterioration; waste
51	多少	Duōshǎo	Number; amount; how many; how much
52	人力物力	Rénlì wùlì	Manpower and material resources
53	财力	Cáilì	Financial resources; financial and material capabilities
54	死去	Sǐqù	Die; pass away
55	留下	Liú xià	Leave; keep; stay; remain
56	东海	Dōnghǎi	The Donghai Sea; the East China Sea
57	没有	Méiyǒu	Not have; there is not; be without; not so …as
58	自立门户	Zìlì ménhù	Keep house; have separate kitchens; establish one's own school of thought
59	最后	Zuìhòu	Last; final; ultimate
60	扶植	Fúzhí	Foster; prop up
61	弟弟	Dìdì	Younger brother; brother
62	上位	Shàngwèi	Superior; epistasis
63	就是	Jiùshì	Quite right; exactly; precisely
64	长达	Zhǎng dá	Lengthen out to

65	消耗	Xiāohào	Consume; use up; expend; deplete
66	内部矛盾	Nèibù máodùn	Internal contradictions
67	激化	Jīhuà	Sharpen; intensify; flare-up; become acute
68	越来越	Yuè lái yuè	More and more
69	艰难	Jiānnán	Difficult; hard; arduous
70	西晋	Xījìn	The Western Jin Dynasty
71	灭亡	Mièwáng	Be destroyed; become extinct; perish; die out

Chinese (中文)

赵王把乱政的贾后杀了之后，事态并没有好转，反而恶化了。

天下熙熙，皆为利来，天下攘攘，皆为利往。赵王在除去了贾后，控制了政权后，变得更加的贪得无厌。

就算是一人之下万人之上，赵王也还是不满足。最终，赵王也走上了贾后的老路，那就是谋权篡位。

赵王仗着自己有权力有兵力，而当时晋惠帝软弱无能，便把他关起来了，自己做起了皇帝。他将自己的亲信，甚至是自己的一些侍从，仆人，都封官了，完全按照自己的想法，为所欲为。

其他诸侯王在听说了这件事情后，个个眼红的不得了。他们早就知道当今的晋惠帝好欺负，没想到现如今竟落得如此地步。

于是各地的诸侯王都想来争夺这个皇位，他们想既然赵王可以做到，他们同样也可以。于是，为了争夺皇位，各诸侯国之间又进行了一场较量，参与这场混战的有八个诸侯王，所以史称八王之乱。

这场混战持续了十六年，十六年的时间，损耗了多少人力物力财力，最后八王有七王都因这场混战死去，最后留下了东海王越。

东海王越并没有自立门户，最后扶植晋惠帝的弟弟上位，这就是晋怀帝。

虽然最后结束了这场混战，但是长达十六年的消耗使得内部矛盾更加激化，人们的生活也越来越艰难，所有的这一切导致了西晋的快速灭亡。

Pinyin (拼音)

Zhào wáng bǎ luàn zhèng de jiǎ hòu shā liǎo zhīhòu, shìtài bìng méiyǒu hǎozhuǎn, fǎn'ér èhuàle.

Tiānxià xī xī, jiē wèi lì lái, tiānxià rǎngrǎng, jiē wèi lì wǎng. Zhào wáng zài chùqúle jiǎ hòu, kòngzhìle zhèngquán hòu, biàn dé gèngjiā de tāndéwúyàn.

Jiùsuàn shì yīrén zhī xià wàn rén zhī shàng, zhào wáng yě háishì bù mǎnzú. Zuìzhōng, zhào wáng yě zǒu shàngle jiǎ hòu de lǎolù, nà jiùshì móu quán cuànwèi.

Zhào wáng zhàngzhe zìjǐ yǒu quánlì yǒu bīnglì, ér dāngshí jìn huì dì ruǎnruò wúnéng, biàn bǎ tā guān qǐláile, zìjǐ zuò qǐle huángdì. Tā jiāng zìjǐ de qīnxìn, shènzhì shì zìjǐ de yīxiē shìcóng, púrén, dōu fēng guānle, wánquán ànzhào zìjǐ de xiǎngfǎ, wéisuǒyùwéi.

Qítā zhūhóu wáng zài tīng shuōle zhè jiàn shìqíng hòu, gè gè yǎnhóng de bùdéle. Tāmen zǎo jiù zhīdào dāngjīn de jìn huì dì hǎo qīfù, méi xiǎngdào xiàn rújīn jìng luòdé rúcǐ dìbù.

Yúshì gèdì de zhūhóu wáng dōu xiǎnglái zhēngduó zhège huángwèi, tāmen xiǎng jìrán zhào wáng kěyǐ zuò dào, tāmen tóngyàng yě kěyǐ. Yúshì, wèile zhēngduó huángwèi, gè zhūhóu guózhī jiān yòu jìnxíngle yī chǎng jiàoliàng, cānyù zhè chǎng hùnzhàn de yǒu bā gè zhūhóu wáng, suǒyǐ shǐ chēng bā wáng zhī luàn.

Zhè chǎng hùnzhàn chíxùle shíliù nián, shíliù nián de shíjiān, sǔnhàole duōshǎo rénlì wùlì cáilì, zuìhòu bā wáng yǒu qī wáng dōu yīn zhè chǎng hùnzhàn sǐqù, zuìhòu liú xiàle dōnghǎi wáng yuè.

Dōnghǎi wáng yuè bìng méiyǒu zìlì ménhù, zuìhòu fúzhí jìn huì dì de dìdì shàngwèi, zhè jiùshì jìn huái dì.

Suīrán zuìhòu jiéshùle zhè chǎng hùnzhàn, dànshì zhǎng dá shíliù nián de xiāohào shǐdé nèibù máodùn gèngjiā jīhuà, rénmen de shēnghuó yě yuè lái yuè jiānnán, suǒyǒu de zhè yīqiè dǎozhìle xījìn de kuàisù mièwáng.

FIFTH CENTURY INVASION BY NORTHERN NOMADS (五胡乱华)

1	中原	Zhōngyuán	Central plains
2	迁徙	Qiānxǐ	Move; migrate; change one's residence
3	定居	Dìngjū	Settle; put down roots; take up residence
4	大概	Dàgài	General idea; broad outline
5	汉朝	Hàn cháo	Han dynasty
6	当时	Dāngshí	Then; at that time; just at that moment; right away; at once; immediately
7	开放	Kāifàng	Come into bloom; lift a ban; lift a restriction; opening to the outside world
8	富饶	Fùráo	Richly endowed; fertile; abundant; rich
9	源源不断	Yuányuán bùduàn	Continuously; in a steady stream; a steady flow of
10	涌进	Yǒng jìn	Overflow; pour in
11	久而久之	Jiǔ'ér jiǔzhī	In the course of time; as time passes; with the lapse of time; gradually
12	随着	Suízhe	Along with; in the wake of; in pace with
13	不断	Bùduàn	Ceaseless; unceasing; uninterrupted; continual
14	涌入	Yǒng rù	Influx; inrush
15	一席之地	Yīxízhīdì	A space for one person; a tiny space

16	并且	Bìngqiě	And; also; and … As well; in addition
17	自己的	Zìjǐ de	Self
18	势力	Shìlì	Force; power; influence
19	八王之乱	Bā wáng zhī luàn	The Upheaval of the Eight Princes
20	西晋	Xījìn	The Western Jin Dynasty
21	分裂	Fēnliè	Split; divide; break up; tear
22	不已	Bùyǐ	Endlessly; unceasingly; incessantly
23	国力	Guólì	National power; national capabilities; national strength
24	衰微	Shuāiwéi	Decline; wane
25	强盛	Qiángshèng	Powerful and prosperous
26	衰败	Shuāibài	Decline; wane; be on the wane; fall into decay
27	倒退	Dàotuì	Go backwards; fall back; backward going; backward motion
28	不如	Bùrú	Not equal to; not as good as; inferior to
29	这时候	Zhè shíhòu	This time; at this point; At that moment
30	看准	Kàn zhǔn	Be certain
31	浑水	Hún shuǐ	Muddy water
32	还手	Huánshǒu	Strike back; hit back
33	接着	Jiēzhe	Catch
34	自立	Zìlì	Stand on one's own feet; support oneself; earn one's own living
35	政权	Zhèngquán	Political power; regime
36	想要	Xiǎng yào	Want; intend; wish

37	自立为王	Zìlì wèi wáng	Make oneself a prince; make oneself king
38	从此以后	Cóngcǐ yǐhòu	From this moment on, henceforth
39	一锅粥	Yīguōzhōu	A pot of porridge -- a complete mess; all in a muddle
40	历史上	Lìshǐ shàng	Historically; in history
41	胡乱	Húluàn	Carelessly; casually; at random
42	远远	Yuǎn yuǎn	Far away; distant
43	不止	Bùzhǐ	More than; exceed; not limited to
44	匈奴	Xiōngnú	Xiongnu, an ancient nationality in China
45	鲜卑	Xiānbēi	Xianbei, an ancient nationality in China
46	部落	Bùluò	Tribe
47	混战	Hùnzhàn	Tangled warfare; a melee; a wild war
48	很久	Hěnjiǔ	For ages; a long time ago
49	汉族	Hànzú	The Han nationality, China's main nationality, distributed all over the country
50	带来	Dài lái	Bring about; produce
51	极大	Jí dà	Maximum
52	毁灭性打击	Huǐmiè xìng dǎjí	Devastating blow; crushing blow

Chinese (中文)

在晋朝之前，就有胡人不断向中原迁徙定居。大概从汉朝开始，由于当时政策的开放，国家的富饶，有源源不断的胡人涌进中原。

久而久之，随着胡人的不断涌入，胡人在中原也有了一席之地，并且逐渐形成了自己的一股势力。

在八王之乱后，西晋内部分裂不已，国力衰微，曾经强盛的西晋如今变得如此衰败，政治经济科技军事全面倒退，实力大不如前。

这时候胡人看准机会，也来搅一搅这浑水。他们趁着西晋没有还手之力，便一个接着一个的自立政权，想要自立为王。

从此以后，晋朝更是乱成了一锅粥。虽然历史上称这次事件为"五胡乱华"，但是远远不止五胡，我们这里所说的五胡主要指匈奴、鲜卑、羯、羌、氐五个规模比较大一点的部落，参与这场混战的还有其他一些小部落。

五胡乱华的时间持续了很久，从晋朝一直持续到隋朝，给中原，给汉族，都带来了极大的毁灭性打击。

Pinyin (拼音)

Zài jìn zhāo zhīqián, jiù yǒu hú rén bùduàn xiàng zhōngyuán qiānxǐ dìngjū. Dàgài cóng hàn cháo kāishǐ, yóuyú dāngshí zhèngcè de kāifàng, guójiā de fùráo, yǒu yuányuán bùduàn de hú rén yǒng jìn zhōngyuán.

Jiǔ'érjiǔzhī, suízhe hú rén de bùduàn yǒng rù, hú rén zài zhōngyuán yěyǒule yīxízhīdì, bìngqiě zhújiàn xíngchéngle zìjǐ de yī gǔ shìlì.

Zài bā wáng zhī luàn hòu, xījìn nèibù fèn liè bùyǐ, guólì shuāiwéi, céngjīng qiángshèng de xījìn rújīn biàn dé rúcǐ shuāibài, zhèngzhì jīngjì kējì jūnshì quánmiàn dàotuì, shílì dà bùrú qián.

Zhè shíhòu hú rén kàn zhǔn jīhuì, yě lái jiǎo yī jiǎo zhè hún shuǐ. Tāmen chènzhe xījìn méiyǒu huánshǒu zhī lì, biàn yīgè jiēzhe yīgè de zìlì zhèngquán, xiǎng yào zìlì wèi wáng.

Cóngcǐ yǐhòu, jìn cháo gèng shì luàn chéngle yīguōzhōu. Suīrán lìshǐ shàng chēng zhè cì shìjiàn wèi "wǔ húluàn huá", dànshì yuǎn yuǎn bùzhǐ wǔ hú, wǒmen zhèlǐ suǒ shuō de wǔ hú zhǔyào zhǐ xiōngnú, xiānbēi, jié, qiāng, dī wǔ gè guīmó bǐjiào dà yīdiǎn de bùluò, cānyù zhè chǎng hùnzhàn de hái yǒu qítā yīxiē xiǎo bùluò.

Wǔ húluàn huá de shíjiān chíxùle hěnjiǔ, cóng jìn zhāo yīzhí chíxù dào suí cháo, gěi zhōngyuán, gěi hànzú, dōu dài láile jí dà de huǐmiè xìng dǎjí.

NORTHERN EXPEDITION (北征五胡)

1	北征	Běi zhēng	Northern expedition
2	五胡	Wǔ hú	Five nomadic northern tribes
3	历史上	Lìshǐ shàng	Historically; in history
4	十六	Shíliù	Sixteen;
5	东晋	Dōngjìn	The Eastern Jin Dynasty
6	并立	Bìnglì	Exist side by side; exist simultaneously
7	不像	Bù xiàng	Unlike
8	西晋	Xījìn	The Western Jin Dynasty
9	景象	Jǐngxiàng	Scene; sight; picture
10	偏安一隅	Piān'ān yīyú	Be content to exercise sovereignty over a part of the country
11	盘踞	Pánjù	Illegally or forcibly occupy; be entrenched; settle in
12	南方	Nánfāng	South; the southern part of the country
13	尽管如此	Jǐnguǎn rúcǐ	Despite all this; even though; in spite of; for all that
14	一直以来	Yīzhí yǐlái	All along; All This Time; always
15	收复失地	Shōufù shīdì	Recovering the lost territory
16	家园	Jiāyuán	Home; homeland; homestead; hearth and home
17	领土	Lǐngtǔ	Territory
18	自己的	Zìjǐ de	Self
19	扩充	Kuòchōng	Expand; augment; enlarge; extend
20	国土	Guótǔ	Territory; land

21	在当时	Zài dāngshí	At that time; in those days; at the time
22	充沛	Chōngpèi	Plentiful; abundant; full of
23	降水	Jiàngshuǐ	Precipitation; rainfall; rain
24	老百姓	Lǎobǎixìng	Folk; common people; ordinary people; civilians
25	生活条件	Shēnghuó tiáojiàn	Living conditions
26	毕竟	Bìjìng	After all; all in all; when all is said and done; in the final analysis
27	仅仅是	Jǐnjǐn shì	Only a matter of; nothing but; merely; simply
28	安定	Āndìng	Stable; quiet; settled; stabilize
29	而已	Éryǐ	That is all; nothing more
30	统治者	Tǒngzhì zhě	Ruler; sovereign
31	发动	Fādòng	Start; launch; get started
32	成效	Chéngxiào	Effect; result
33	慢慢	Màn man	Slowly; leisurely; gradually
34	收复	Shōufù	Recover; recapture; resume; retrieve
35	黄河	Huánghé	The Huanghe River; the Yellow River
36	突然爆发	Túrán bàofā	Flare up
37	内乱	Nèiluàn	Civil strife; internal disorder
38	不协调	Bù xiétiáo	Inharmonious; discordant; out of tune
39	矛盾	Máodùn	Contradiction; contradict; contradictory
40	战斗力	Zhàndòulì	Combat effectiveness; fighting capacity; sword
41	不如	Bùrú	Not equal to; not as good as;

			inferior to; cannot do better than
42	北伐战争	Běifá zhànzhēng	The Northern Expedition
43	没有什么	Méiyǒu shé me	Nothing the matter; nothing wrong
43	进展	Jìnzhǎn	Evolve; march; make progress; make headway

Chinese (中文)

历史上所说的五胡十六国，与当时的东晋是并立的，但是当时的东晋已经不像西晋那一般景象，而是偏安一隅，主要盘踞在南方地区。

尽管如此，东晋一直以来也有收复失地的愿想，毕竟那也是他们曾经生活过的家园。虽然如今他们生活在南方，但毕竟领土面积比较小，想要扩大自己的实力，先得扩充自己的国土面积。

在当时，南方的条件还是比较优越的，适宜的天气，充沛的降水，发达的农业，十分适合居住，对于老百姓来说，这种生活条件已经能够满足他们了，毕竟他们求的仅仅是和平安定而已。但是对于统治者而言，这还远远不够，他们要的是强大。

所以东晋建立后，也发动了很多次的北征。由于统治者的大力支持，东晋北伐鲜有成效，经过不断的努力，东晋慢慢的收复了黄河以南的领土。

但是就在这个时候，东晋突然爆发了内乱，内部不协调，闹矛盾，导致战斗力大不如前，所以之后的北伐战争，都没有什么进展。

Pinyin (拼音)

Lìshǐ shàng suǒ shuō de wǔ hú shíliù guó, yǔ dāngshí de dōngjìn shì bìnglì de, dànshì dāngshí de dōngjìn yǐjīng bù xiàng xījìn nà yībān jǐngxiàng, ér shì piān'ān yīyú, zhǔyào pánjù zài nánfāng dìqū.

Jǐnguǎn rúcǐ, dōngjìn yīzhí yǐlái yěyǒu shōufù shīdì de yuàn xiǎng, bìjìng nà yěshì tāmen céngjīng shēnghuóguò de jiāyuán. Suīrán rújīn tāmen shēnghuó zài nánfāng, dàn bìjìng lǐngtǔ miànjī bǐjiào xiǎo, xiǎng yào kuòdà zìjǐ de shílì, xiān dé kuòchōng zìjǐ de guótǔ miànjī.

Zài dāngshí, nánfāng de tiáojiàn háishì bǐjiào yōuyuè de, shìyí de tiānqì, chōngpèi de jiàngshuǐ, fādá de nóngyè, shífēn shìhé jūzhù, duìyú lǎobǎixìng lái shuō, zhè zhǒng shēnghuó tiáojiàn yǐjīng nénggòu mǎnzú tāmenle, bìjìng tāmen qiú de jǐnjǐn shì hépíng āndìng éryǐ. Dànshì duìyú tǒngzhì zhě ér yán, zhè hái yuǎn yuǎn bùgòu, tāmen yào de shì qiángdà.

Suǒyǐ dōngjìn jiànlì hòu, yě fādòngle hěnduō cì de běi zhēng. Yóuyú tǒngzhì zhě de dàlì zhīchí, dōngjìn běifá xiān yǒu chéngxiào, jīngguò bu duàn de nǔlì, dōngjìn màn man de shōufùle huánghé yǐ nán de lǐngtǔ.

Dànshì jiù zài zhège shíhòu, dōngjìn túrán bàofāle nèiluàn, nèibù bù xiétiáo, nào máodùn, dǎozhì zhàndòulì dà bùrú qián, suǒyǐ zhīhòu de běifá zhànzhēng, dōu méiyǒu shé me jìnzhǎn.

THE BATTLE OF FEISHUI (淝水之战)

1	历史上	Lìshǐ shàng	Historically; in history
2	有名	Yǒumíng	Well-known; famous; celebrated
3	以少胜多	Yǐ shǎo shèng duō	Use the few to defeat the many; defeat with a force inferior in number
4	战役	Zhànyì	Campaign; battle
5	熟知	Shúzhī	Know very well; know intimately
6	成语	Chéngyǔ	Set phrase; idiom; idioms and allusions
7	草木皆兵	Cǎomù jiēbīng	Every bush and tree look like an enemy; state of extreme nervousness; The grass and trees were thought to be the soldiers of the enemy
8	风声鹤唳	Fēngshēng hèlì	The sound of the wind and the cry of the stork; the great fright of routed soldiers; being so scared to run from one's own shadows
9	出自	Chūzì	Come from; originate from; stem from
10	前面	Qiánmiàn	In front; at the head; ahead
11	之一	Zhī yī	One of
12	建立	Jiànlì	Build; set up; establish; building-up
13	可不是	Kě bùshì	To be sure it is; certainly is; You don't say!
14	之前	Zhīqián	Before; prior to; ago
15	只是	Zhǐshì	Merely; only; just
16	同名	Tóngmíng	Of the same name; synonym; homonym

17	而已	Éryǐ	That is all; nothing more
18	传到	Chuán dào	Spread to; transmit/convey to; pass on to
19	此时	Cǐ shí	This moment; right now; now; at present
20	积攒	Jīzǎn	Save bit by bit
21	变得	Biàn dé	Become; get; grow
22	强大	Qiángdà	Big and powerful; powerful; formidable
23	攻打	Gōngdǎ	Attack; assault; assail
24	东晋	Dōngjìn	The Eastern Jin Dynasty
25	反对	Fǎnduì	Oppose; be opposed to; object to; be against
26	声音	Shēngyīn	Sound; voice
27	决心要	Juéxīn yào	Be bent on
28	大军	Dàjūn	Main forces; army
29	悬殊	Xuánshū	Great disparity; wide gap
30	那就是	Nà jiùshì	That is; That is to say; Someone
31	精兵	Jīngbīng	Picked troops; crack troops
32	进攻	Jìngōng	Attack; assault; offensive
33	措手不及	Cuòshǒu bùjí	Be taken by surprise; be caught unawares
34	士气	Shìqì	Morale
35	有机会	Yǒu jīhuì	Have an opportunity; have the opportunity to
36	于是	Yúshì	Thereupon; hence; consequently; as a result
37	没有	Méiyǒu	Not have; there is not; be without; not so ...as
38	准备	Zhǔnbèi	Prepare; get ready; intend; plan
39	自然	Zìrán	Nature; natural world; naturally; of

			course; at ease; natural; free from affectation
40	经过	Jīngguò	Pass; go through; go by
41	果然	Guǒrán	Really; as expected; sure enough
42	损失惨重	Sǔnshī cǎnzhòng	Heavy losses; tremendous losses
43	心理上	Xīnlǐ shàng	Mentally
44	受到	Shòudào	Be given
45	很大	Hěn dà	Great; large
46	挫败	Cuòbài	Frustrate; foil; thwart; defeat
47	鼓舞	Gǔwǔ	Inspire; hearten; embolden; nerve
48	继续	Jìxù	Continue; go on; keep on; proceed
49	反攻	Fǎngōng	Counteroffensive; counterattack; counterblow
50	锐气	Ruìqì	Dash; drive; brains and drive
51	顿时	Dùnshí	Immediately; suddenly; at once; forthwith
52	不由得	Bùyóudé	Can't help; cannot but
53	敌军	Dí jūn	Enemy troops; the enemy; hostile forces
54	动势	Dòng shì	Kinetic potential
55	只见	Zhǐ jiàn	Only see; be surprised to see; surprisingly; unexpectedly
56	整整齐齐	Zhěng zhěngqí qí	Be arranged to a nicety; be in apple-pie order; in perfect order; neatly and cleanly
57	严阵以待	Yánzhèn yǐdài	Be prepared to meet the challenge; combat-ready
58	演练	Yǎnliàn	Drill
59	往前	Wǎng qián	Ahead; before; formerly; in the past
60	草木	Cǎomù	Grass and trees; vegetation; flora

61	摆动	Bǎidòng	Swing; sway; oscillate
62	一开始	Yī kāishǐ	In the outset
63	以为	Yǐwéi	Think; believe; consider
64	眼花	Yǎnhuā	Have dim eyesight; have blurred vision
65	仔细	Zǐxì	Careful; attentive
66	好像	Hǎoxiàng	Seem; be like
67	埋伏	Máifú	Ambush; lie in wait; lie in ambush; hide
68	无数	Wúshù	Innumerable; countless; infinity; myriad
69	其实	Qíshí	Actually; in fact; as a matter of fact; really
70	迎风	Yíngfēng	Facing the wind; against the wind; windward; down the wind
71	晃动	Huàngdòng	Rock; sway
72	没有什么	Méiyǒu shé me	Nothing the matter; nothing wrong
73	紧张	Jǐnzhāng	Nervous; keyed up; tense; intense
74	看做	Kàn zuò	Look upon as; regard as; take as
75	士兵	Shì bīng	Rank-and-file soldiers; privates
76	度过	Dùguò	Spend; pass
77	已经	Yǐjīng	Already
78	军心	Jūnxīn	Soldier's morale; morale of the troops
79	而且	Érqiě	Not only ... but; and that; and
80	灰心丧气	Huīxīn sàngqì	Get disheartened; get discouraged; feel depressed; lose heart or become dispirited
81	所以	Suǒyǐ	So; therefore; as a result
82	轻松地	Qīngsōng	Lightly; easily; with ease

| 83 | 著名 | de
Zhùmíng | Famous; well-known; celebrated; noted |

Chinese (中文)

淝水之战也是历史上很有名的一次以少胜多的战役，而且我们熟知的一些成语，比如草木皆兵，风声鹤唳都出自这里。

我们前面讲到的五胡之一，氐族建立了秦国，这个秦国可不是我们之前所说的秦国，只是同名而已。

当秦国传到苻坚手里的时候，此时的秦国已经积攒了很多年的力量，现在变得也是非常强大了。苻坚想要攻打东晋，虽然有反对的声音，但是苻坚还是决心要去。

于是苻坚带着八十万大军去攻打东晋，但是东晋却只有八万人，这力量悬殊的确实有点大。东晋如果硬打硬的话肯定打不赢，于是谢石想了一个办法，那就是先派一支精兵部队进攻，先打他们个措手不及，让他们士气大伤，之后才有机会。

于是谢石带着 5000 精兵前去攻打秦军，此时的秦军没有一点准备，自然是被打了个措手不及。

经过这一战，秦军果然损失惨重，而且心理上也受到了很大的挫败。晋军则大受鼓舞，继续反攻。

苻坚听说后，大为吃惊。先前的锐气顿时削减，不由得谨慎起来了。晚的时候，苻坚上城楼观查敌军的动势，只见晋军整整齐齐，严阵以待，夜晚，夜晚仍在操兵演练，这让苻坚感到压力十足。

再往前看去，苻坚看到草木都在摆动，苻坚一开始还以为自己眼花了，仔细看了几眼，真的是这样，就好像里面埋伏了无数的晋军一般。

其实这些草木只是迎风晃动而已，根本就没有什么埋伏的军队，是苻坚太过紧张才会错把草木看做士兵。

晋军在度过淝水后，此时的秦军已经军心不振，而且灰心丧气，所以晋军很轻松地赢了秦军，这便是著名的淝水之战。

Pinyin (拼音)

Féi shuǐ zhī zhàn yěshì lìshǐ shàng hěn yǒumíng de yīcì yǐ shǎo shèng duō de zhànyì, érqiě wǒmen shúzhī de yīxiē chéngyǔ, bǐrú cǎomùjiēbīng, fēngshēnghèlì dōu chūzì zhèlǐ.

Wǒmen qiánmiàn jiǎng dào de wǔ hú zhī yī, dī zú jiànlìle qín guó, zhège qín guó kě bùshì wǒmen zhīqián suǒ shuō de qín guó, zhǐshì tóngmíng éryǐ.

Dāng qínguóchuán dào fú jiān shǒu lǐ de shíhòu, cǐ shí de qín guó yǐjīng jīzǎnle hěnduō nián de lìliàng, xiànzài biàn dé yěshì fēicháng qiángdàle. Fú jiān xiǎng yào gōngdǎ dōngjìn, suīrán yǒu fǎnduì de shēngyīn, dànshì fú jiān háishì juéxīn yào qù.

Yúshì fú jiān dàizhe bāshí wàn dàjūn qù gōngdǎ dōngjìn, dànshì dōngjìn què zhǐyǒu bā wàn rén, zhè lìliàng xuánshū dí quèshí yǒudiǎn dà. Dōngjìn rúguǒ yìng dǎ yìng dehuà kěndìng dǎ bù yíng, yúshì xiè shí xiǎngle yīgè bànfǎ, nà jiùshì xiān pài yī zhī jīngbīng bùduì jìngōng, xiān dǎ tāmen gè cuòshǒubùjí, ràng tāmen shìqì dà shāng, zhīhòu cái yǒu jīhuì.

Yúshì xiè shí dàizhe 5000 jīngbīng qián qù gōngdǎ qín jūn, cǐ shí de qín jūn méiyǒu yīdiǎn zhǔnbèi, zìrán shì bèi dǎle gè cuòshǒubùjí.

Jīngguò zhè yī zhàn, qín jūn guǒrán sǔnshī cǎnzhòng, érqiě xīnlǐ shàng yě shòudàole hěn dà de cuòbài. Jìn jūn zé dà shòu gǔwǔ, jìxù fǎngōng.

Fú jiān tīng shuō hòu, dà wéi chījīng. Xiānqián de ruìqì dùnshí xuējiǎn, bùyóudé jǐnshèn qǐláile. Wǎn de shíhòu, fú jiān shàng chénglóu guān chá dí jūn de dòng shì, zhǐ jiàn jìn jūn zhěng zhěngqí qí, yánzhènyǐdài, yèwǎn, yèwǎn réng zài cāo bīng yǎnliàn, zhè ràng fú jiān gǎndào yālì shízú.

Zài wǎng qián kàn qù, fú jiān kàn dào cǎomù dōu zài bǎidòng, fú jiān yī kāishǐ hái yǐwéi zìjǐ yǎnhuāle, zǐxì kànle jǐ yǎn, zhēn de shì zhèyàng, jiù hǎoxiàng lǐmiàn máifú liǎo wú shǔ de jìn jūn yībān.

Qíshí zhèxiē cǎomù zhǐshì yíngfēng huàngdòng éryǐ, gēnběn jiù méiyǒu shé me mái fú de jūnduì, shì fú jiān tàiguò jǐnzhāng cái huì cuò bǎ cǎomù kàn zuò shìbīng.

Jìn jūn zài dùguò féi shuǐ hòu, cǐ shí de qín jūn yǐjīng jūnxīn bùzhèn, érqiě huīxīn sàngqì, suǒyǐ jìn jūn hěn qīngsōng de yíngle qín jūn, zhè biàn shì zhùmíng de féi shuǐ zhī zhàn.